AF834689

آڈیو بوک اور ویڈیو:

www.sefa-bilingual.com/bonus

مفت رسائی کے لیے پاس ورڈ:

اردو: Sorry, audio or video is not yet available in this language.

سویڈش: WSSV2831

We are currently working on making as many of our bilingual books as possible available to you as audio books and videos. We kindly ask for your patience if there is no audio or video version in your language yet! You can keep up with the progress of our work on our website: www.sefa-bilingual.com/languages

ایک دفعہ کا ذکر ہے، دور کسی دیس میں، ایک خوبصورت شاہی محل میں گیارہ شہزادے اور ان کی بڑی بہن شہزادی ایلیسا ہنسی خوشی رہا کرتے تھے۔

Det var en gång tolv kungabarn–elva bröder och en storasyster, Elisa. De levde lyckliga i ett underbart vackert slott.

Ulrich Renz · Marc Robitzky

جنگلی ہنس

De vilda svanarna

پریوں کی کہانی ہینس کرسٹن اینڈرسن سے ماخوذ دولسانی بچوں
کی تصویری کتاب

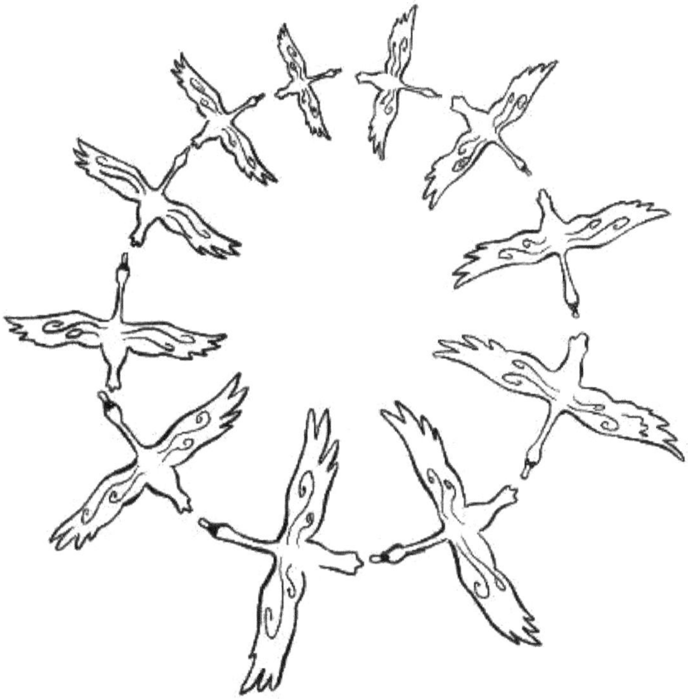

ترجمہ:

Laila Youssuf (اردو)

Narona Thordsen (سویڈش)

کچھ عرصے بعد ان کی ماں کا انتقال ہو گیا اور بادشاہ نے دوسری شادی کر لی۔ بادشاہ کی دوسری بیوی ایک ظالم جادوگرنی تھی۔ اس نے اپنے جادو کے زور سے سارے شہزادوں کو ہنس بنا دیا اوران کو گھنے جنگل کے پار دوسرے دیس بھیج دیا۔

En dag dog modern, och efter en tid gifte sig kungen på nytt. Men den nya kvinnan var en elak häxa. Hon förtrollade de elva prinsarna så att de blev svanar och skickade dem långt bort till ett fjärran land bakom den stora skogen.

جادوگرنی نے شہزادی کو پھٹے پرانے کپڑے پہنائے اور اس کے چہرے پر ایک ایسا مرہم لگا دیا جس سے اس کا چہرہ اتنا بد صورت ہو گیا کہ بادشاہ بھی اپنی بیٹی کو نہیں پہچان پایا اور پھر اس کو محل سے باہر نکال دیا۔ شہزادی جنگل میں چلی جاتی ہے۔

Flickan klädde hon i trasor och smörjde in henne med en ful salva i ansiktet så att den egna fadern inte längre kände igen henne och jagade bort henne från slottet. Elisa sprang in i den mörka skogen.

اب شہزادی گھنے جنگل میں بالکل تنہا تھی اور اپنے بچھڑے ہوئے بھائیوں کو شدت سے یاد کر رہی تھی۔ شام ڈھلتے ہی شہزادی نے کائی کے پودے سے درختوں کے نیچے اپنے لیے ایک بستر بنا لیا۔

Nu var hon helt ensam och längtade efter hennes försvunna bröder med hela sitt hjärta. När det blev kväll bäddade hon en säng av mossa under träden.

اگلی صبح شہزادی ایک پر سکون جھیل
کے پاس جاتی ہے اور پانی میں اپنا
عکس دیکھ کر حیران رہ جاتی ہے. لیکن
جب وہ جھیل کے پانی سے نہا کے نکلتی
ہے تو وہ اس دنیا کی سب سے
خوبصورت شہزادی بن جاتی ہے۔

Nästa morgon kom hon fram till en lugn sjö och blev förskräckt när hon däri såg sin spegelbild. Men efter att hon hade tvättat sig var hon det vackraste kungabarnet på jorden.

کچھ دنوں کے بعد شہزادی ایک بڑے
سمندر کے کنارے تک پہنچ جاتی ہے۔
سمندر کی لہروں پر شہزادی کو ہنس
پرندے کے گیارہ پر اوپر نیچے حرکت
کرتے نظر آتے ہیں۔

Efter många dagar nådde Elisa det stora havet. På vågorna gungade elva svanfjädrar.

سورج ڈوبتے ہی، ہوا میں ایک سرسراہٹ سی پیدا ہوئی اور گیارہ جنگلی ہنس دریا کے کنارے پہ اترے۔ شہزادی ایلیسا جادو کے سحر سے ہنس پرندے میں تبدیل اپنے بھائیوں کو فوراً پہچان جاتی ہے۔ لیکن ان کی زبان وہ نہیں سمجھ پاتی ہے۔

När solen gick ner hördes ett sus i luften och elva vilda svanar landade på vattnet. Elisa kände genast igen sina förtrollade bröder. Men för att dom talade svanspråket kunde hon inte förstå dem.

دن کی روشنی میں ہنس اڑ جایا کرتے اور رات میں تمام بہن بھائی غار میں جمع ہو کے ایک دوسرے کے ساتھ ہم آغوش ہوجاتے۔

ایک رات شہزادی ایلیسا ایک عجیب خواب دیکھتی ہے۔ جس میں اس کی ماں شہزادوں کو بچانے کا طریقہ بتاتی ہے۔ شہزادی کی ماں اس کو ایک کے خاردار پودےکے پتوں سے، اپنے تمام بھائیوں کے لئے ایک خاص قسم ایک قمیض بن کے ان کے اوپر ڈالنےکا کہتی ہے۔ ساتھ اس بات کی تلقین کرتی ہے کہ اس کے بارے میں کسی کو علم نہ ہو ورنہ اس کے تمام بھائی زندہ نہیں رہیں گے۔
شہزادی فوراً اپنا کام شروع کر دیتی ہے، پودوں کے کانٹوں کی چبھن سے اس کے ہاتھ بری طرح جل رہے ہوتے ہیں لیکن وہ پھر بھی اپنا کام دلجمعی سے جاری رکھتی ہے۔

På dagen flög svanarna bort, under natten kurade syskonen ihop sig i en grotta.

En natt hade Elisa en besynnerlig dröm: Hennes mor sade till henne hur hon kunde befria sina bröder. Av nässlor skulle hon sticka en skjorta för varje svan och dra den över den. Men tills dess får hon inte tala ett enda ord, annars måste hennes bröder dö.
Elisa började genast med arbetet. Trots att hennes händer sved som brända med eld stickade hon outtröttligt.

پھر ایک دن شہزادی کو شکاری بارہ
سینگوں کے قدموں کی چاپ سنائی دیتی
ہے۔ وہ دیکھتی ہے کہ ایک شہزادہ اپنے
قافلے کے ہمراہ اس کی جانب بڑھ رہا
ہے۔ قریب پہنچنے پر جب وہ ایک
دوسرے کی آنکھوں میں دیکھتے ہیں تو
ان کو پیار ہو جاتا ہے۔

En dag ljöd jakthorn i fjärran. En prins kom ridande med sitt följe och stod snart framför henne. När de såg in i varandras ögon blev de förälskade i varandra.

شہزادہ شہزادی کو گھوڑے پہ بٹھا کے
اپنے ساتھ محل لے جاتا ہے۔

Prinsen lyfte upp Elisa på sin häst
och red med henne till sitt slott.

شاہی وزیر گونگی حسینہ کی محل میں
آمد سے بہت نا خوش ہوا کیونکہ وہ چاہتا
تھا کہ اس کی بیٹی کی شادی شہزادے
کے ساتھ ہو۔

Den mäktige skattmästaren var allt annat än glad över ankomsten av den stumma vackra. Hans egen dotter skulle bli prinsens brud.

محل میں رہتے ہوئے بھی شہزادی اپنے بھائیوں کو نہیں بھولی تھی۔ روزانہ شام ڈھلتے ہی وہ اپنے بھائیوں کی قمیضوں کا بقیہ کام جاری رکھتی۔ ایک رات وہ قبرستان سے اپنا مطلوبہ خاردار پودا لینے جاتی ہے اسی اثناء میں وزیر شہزادی کوخفیہ طور پر پودا لے جاتے ہوئے دیکھ لیتا ہے۔

Elisa hade inte glömt sina bröder. Varje kväll fortsatte hon att arbeta med skjortona. En natt gick hon ut till kyrkogården för att hämta färska nässlor. Samtidigt blev hon hemligt iakttagen av skattmästaren.

وزیر شہزادی پہ الزام لگاتا ہے کہ وہ ایک جادوگرنی ہے اور رات میں دوسری جادوگرنیوں کے ساتھ ملتی ہے۔ جیسے ہی شہزادہ شکار کے لئے نکلتا ہے وزیر شہزادی کو قید خانے میں بند کر دیتا ہے۔

Så snart som prinsen var på en jaktutflykt lät skattmästaren slänga Elisa i fängelsehålan. Han hävdade att hon var en häxa som mötte andra häxor på natten.

صبح ہوتے ہی سپاہی شہزادی کو مرکزی
بازار لے جانے کے لئے آجاتے ہیں،
جہاں پہ اس کو جلا کے مارا جانا تھا۔

I gryningen blev Elisa hämtad av vakterna. Hon skulle brännas på torget.

جیسے ہی شہزادی وہاں پہنچتی ہے، اچانک ہی گیارہ سفید ہنس اڑتے ہوئے آتے ہیں۔ شہزادی جلدی سے ہر ایک پر ایک قمیض اچھال دیتی ہے۔ فوراً ہی گیارہ ہنس انسانی شکل میں سامنے آکے کھڑے ہو گئے - صرف سب سے چھوٹے بھائی کے بازو کی جگہ پر رہ گیا کیونکہ اس کی قمیض کا بازو شہزادی پورا بن نہیں پائی تھی۔

De hade knappast kommit fram när plötsligt elva vita svanar kom flygande. Snabbt drog Elisa en nässelskjorta över var och en. Snart stod alla hennes bröder framför henne som människofigurer. Bara den yngsta, vars skjorta inte hade blivit helt färdig, behöll en vinge istället för en arm.

تمام بہن بھائی ایک دوسرے کو گلے لگارہے تھے اور خوب پیارکر رہے تھے کہ اتنی ہی دیر میں شہزادہ واپس آگیا۔ آخرکار شہزادی نے شہزادے کو ساری حقیقت بیان کر دی۔ شہزادے نے وزیر کو قید خانے بھجوادیا اور پھر دھوم دھام سے ان دونوں کی شادی ہوئی، جس کی تقریبات سات دن تک جاری رہیں۔

اور پھر وہ سب ہنسی خوشی رہنے لگے۔

Syskonens kramande och pussande hade inte tagit slut än när prinsen kom tillbaka. Äntligen kunde Elisa förklara alltihopa. Prinsen lät den elake skattmästaren slängas i fängelsehålan. Och sedan firade de bröllop i sju dagar.

Och så levde de lyckliga i alla sina dagar.

لهانز كريستيان اندرسن

Hans Christian Andersen was born in the Danish city of Odense in 1805, and died in 1875 in Copenhagen. He gained world fame with his literary fairy-tales such as „The Little Mermaid", „The Emperor's New Clothes" and „The Ugly Duckling". The tale at hand, „The Wild Swans", was first published in 1838. It has been translated into more than one hundred languages and adapted for a wide range of media including theater, film and musical.

Do you like drawing?

Here are the pictures from the story to color in:

www.sefa-bilingual.com/coloring

For ages 2 and up ♥

ٹم سو نہیں پا رہا۔ اس کا ننھا بھیڑیا کھو گیا ہے! شاید وہ اسے باہر بھول گیا ہے؟ ٹم رات کو اکیلا ہی اس کو ڈھونڈ نے نکلا۔ اور غیر متوقع طور پر کچھ دوستوں سے ملاقات ہو گئ...

Available in your language?

► Check out with our „Language Wizard“:

www.sefa-bilingual.com/languages

Recommended age: 2-3 and up ♥

Lulu can't fall asleep. All her cuddly toys are dreaming already – the shark, the elephant, the little mouse, the dragon, the kangaroo, and the lion cub. Even the bear has trouble keeping his eyes open ...

Hey bear, will you take me along into your dream?

Thus begins a journey for Lulu that leads her through the dreams of her cuddly toys – and finally to her own most beautiful dream.

Available in your language?

► Check out with our „Language Wizard":

www.sefa-bilingual.com/languages

www.sefa-verlag.de

Special thanks to: Paul Bödeker, Freiburg, Germany

ISBN: 9783739985145

www.sefa-bilingual.com

www.ingramcontent.com/pod-product-compliance
Lightning Source LLC
LaVergne TN
LVHW070601061026
849580LV00018B/2789